Una
Conferencia
de
Valerio Olgiati

s voy a presentar cuatro proyectos, tres de ellos de edificios construidos y el otro un proyecto de ncurso. También les mostraré una serie de imágenes a las que denomino autobiografía iconográfica. trata de un intento de explicar con imágenes el trasfondo personal de mi arquitectura. Comenzamos es con la primera imagen y, por favor, oscurezcan la sala. Por favor, apaguen las luces.

Comenzamos con una foto de una exposición de mis trabajos en la ETH de Zúrich. Ustedes ven maquetas blancas, todas ellas a una misma escala 1:33. No ven ningún contexto. Podríamos decir que los edificios han sido arrancados del suelo, como árboles que han sido extraídos con sus raíces. Comienzo con esta imagen porque estoy convencido de que es posible hacer arquitectura que no tenga, a priori, un contexto. En los últimos veinte años la cuestión del contextualismo ha ejercido una presión ineludible. Se ha convertido en una postura moral determinante en la que debe basarse todo proyecto. Los arquitectos solamente desarrollan ya arquitectura como respuesta a su entorno. Sin embargo, yo pienso que la arquitectura puede desarrollarse a partir de una idea, de un pensamiento, y esta idea, en principio, no tiene por qué tener nada que ver con el contexto. Como ejemplos históricos puedo mencionar templos o iglesias, también establos, en su mayoría descontextualizados y a pesar de ello casi siempre bellísimos edificios. Edificios que surgen de una idea, edificios que no responden exclusivamente a requisitos contextuales, económicos, técnicos y funcionales. Estoy convencido de esta posibilidad, y de que también hoy en día es realmente necesario proyectar con una idea concreta y dejar surgir edificios que sean capaces de erigirse sobre el conocimiento cultural de nuestro tiempo.

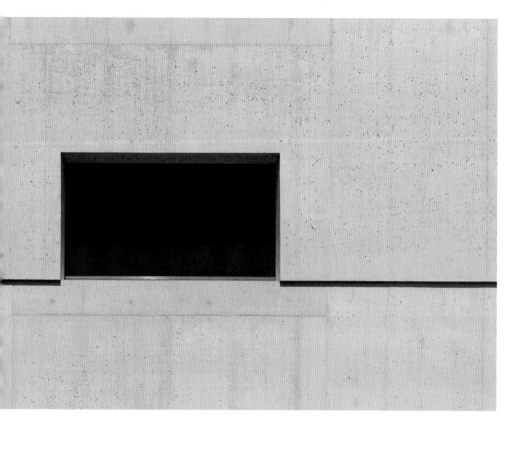

samos ahora al primer proyecto. Se trata de un museo para el Parque Nacional Suizo de Zernez. Un
ficio casi exclusivamente de hormigón. Aquí pueden ver una parte, el detalle de una ventana.

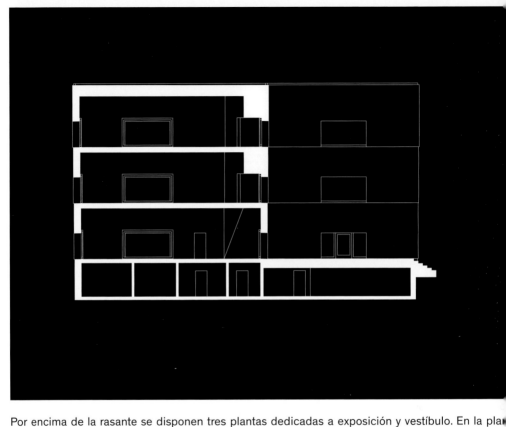

Por encima de la rasante se disponen tres plantas dedicadas a exposición y vestíbulo. En la pla...
sótano se encuentran los almacenes, los aseos y las instalaciones técnicas. En la sección se observ...
los muros y forjados representados en color blanco. En realidad no hay detalles, todo está realiza...
en hormigón vertido. Los muros son de hormigón aligerado, los forjados de hormigón convencior...
Siempre me preguntan si el edificio dispone de calefacción. Hay calefacción, una ventilación con...
condiciones apropiadas de climatización, una iluminación museográfica y una regulación técnica i...
lámbrica. El edificio podría servir asimismo como museo de arte contemporáneo. A pesar de ello, n...
gún detalle es visible, las posibilidades técnicas del museo no se muestran.

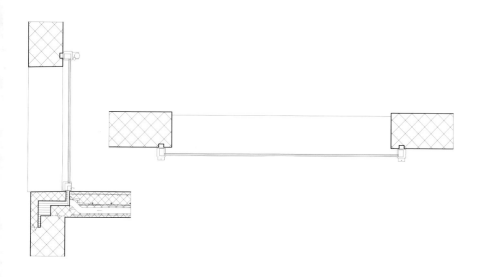

ora consideraremos el detalle constructivo en planta y sección. El muro tiene 55 cm de espesor. ore éste se ha colocado un marco de ventana metálico, térmicamente aislado, y vidrio con burlete mico. Para facilitar su comprensión debo mencionar que el dibujo muestra el lado exterior hacia ba. Cuando se observa desde el exterior hacia el interior no se ve el marco de la ventana, ya que e es más amplio que el hueco de la fachada. Bajo el marco, en el muro, hay un pequeño espacio eco con aislamiento para que el recorrido de la climatización sobre la superficie sea más largo y por siguiente más efectivo energéticamente. En la sección se aprecia en el forjado la acometida de la tilación, el pretensado, la electrónica y la calefacción. Con esto hemos comentado los detalles del ficio, que es en su totalidad un objeto unitario e interrelacionado, en hormigón vertido, sin juntas ni cona.

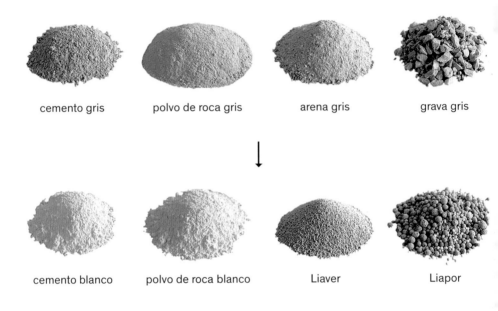

cemento gris   polvo de roca gris   arena gris   grava gris

cemento blanco   polvo de roca blanco   Liaver   Liapor

Aquí les muestro los componentes de los hormigones. Normalmente el hormigón está constituido
cemento y arena de grava grises, donde la arena de grava puede separarse en polvo de roca gris, are
y grava gris. Para nuestro edificio hemos sustituido estos cuatro componentes: el cemento gris
cemento blanco y el polvo de roca gris por el blanco. La arena gris la hemos cambiado por el compo-
nente llamado Liaver, constituido por pequeñas bolas de vidrio esponjoso. Finalmente, la grava gri
hemos sustituido por el llamado Liapor, una toba volcánica, un material granuloso muy esponjoso. C
esta mezcla se han fraguado los muros. Con este espesor de muros (55 cm) puede cumplirse la norr
tiva actual de eficiencia energética.

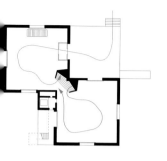 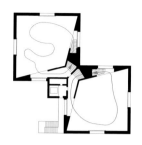 

a izquierda ven ustedes la planta baja, en el centro la primera y a la derecha la segunda. El edificio se mpone en planta de dos cuadrados; observado en tres dimensiones lo forman dos cubos que se erponen en las esquinas. Para este proyecto se convocó un concurso que ganó nuestro equipo. En el momento encontramos la solución: el programa completo y complejo del promotor se podía rdar con seis grandes espacios iguales. Por esta razón no hemos proyectado un edificio que se nfigure mediante diversas y grandes piezas de rompecabezas. En tal caso surgirían a menudo con-tos, porque siempre faltaría alguna pieza, y aparecerían espacios residuales que serían inutilizables o s. Nosotros nos basamos en el hecho de que se podía operar con seis espacios idénticos. Se puede sidera este factor como la programación genética del proyecto. Con las siguientes imágenes quiero scribirles el recorrido a través del edificio. La línea en color naranja determina el ascenso y la línea color verde el descenso dentro del edificio. A través de una plataforma se accede desde el nivel de a al vestíbulo para encontrarse frente a una escalera que se desdobla hacia arriba. Se puede ir cia la izquierda o hacia la derecha. Se llega a la primera planta donde, a través de una de las cuatro rturas, se accede al primer ámbito espacial. Desde aquí se prosigue el recorrido, se sale de este acio a través de otra abertura y se sube por otra escalera. En la segunda planta acceden de nuevo a espacio exactamente igual y lo abandonan de la misma manera; pero esta vez no llegan a otra esca- sino que atraviesan un pasaje que conduce al siguiente espacio expositivo, que es igual a los dos eriores. Desde aquí bajan ustedes por el mismo sistema que en la subida y finalmente acceden de vo a la misma escalera donde comenzaron el recorrido. Por lo tanto, en las plantas superiores se erimenta cuatro veces el mismo ámbito espacial y en la planta de acceso el mismo sistema espa- , aunque aquí sin compartimentaciones. Un sistema laberíntico con repeticiones y espacios, cada con cuatro ventanas, una en dirección a cada uno de los cuatro puntos cardinales.

Planta de entrada con vestíbulo.

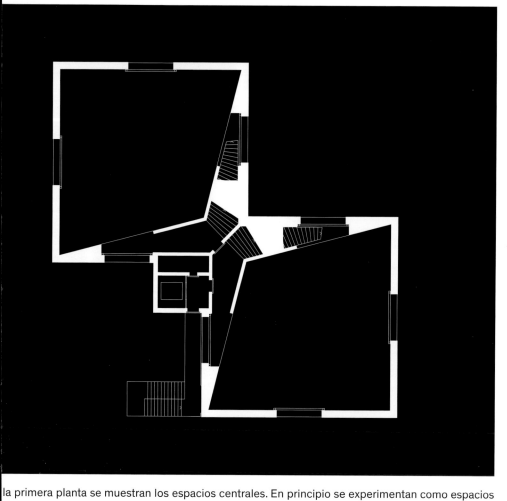

la primera planta se muestran los espacios centrales. En principio se experimentan como espacios
n una estructura cuadrada, si bien se reconoce una sutil distorsión: el espacio está en ligero movi-
nto. Desde cada uno de estos ámbitos se puede mirar en dirección norte, sur, este y oeste.

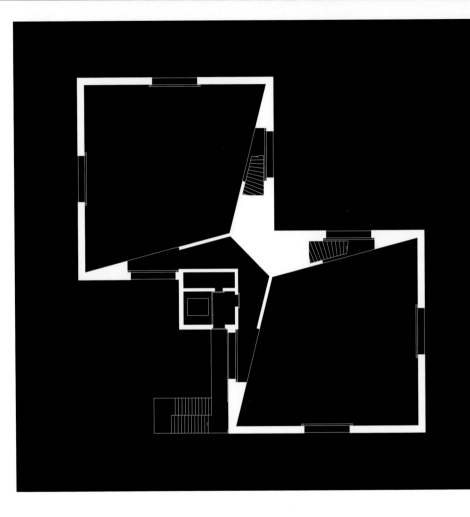

Los espacios de la segunda planta son idénticos, como en la primera. El tamaño de cada uno de el
es de 170–180 m², siendo la superficie total construida bruta de 400 m².

edificio se sitúa sobre un basamento. Se reconocen tres niveles y los marcos de las ventanas están ranqueados e invisibles. Se percibe exclusivamente el bloque mural de hormigón. Los sutiles resaltos tre las plantas muestran una tectónica que genera un cuerpo hueco.

Todo es de un solo material vertido, un hormigón casi blanco y sin juntas. El suelo está pulido y lue abujardado. Los marcos de las ventanas y los pasamanos son de bronce.

entrada es baja y la altura del dintel de 1,90 m refuerza la percepción de atravesar el muro. Se cruza
muro hacia el interior del edificio, a un mundo distinto. Dentro, en el centro de los espacios, con sus
nteles de ventanas demasiado bajos, el edificio se percibe como sumamente introvertido. Pero cuanto
s nos aproximamos a los huecos de las ventanas o al borde de las salas, tanto más parecen abrirse
:as.

Los pavimentos se materializan con hormigón in situ y se pulen. El grano, el garbancillo, se pule igualmente y de esta manera se hace visible. Los muros exteriores, así como los elementos de división internos, son de hormigón aligerado.

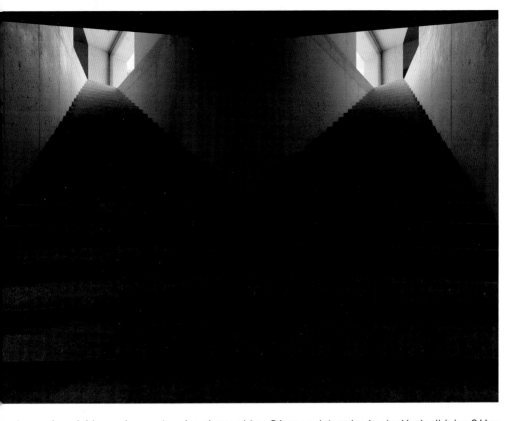

esta escalera doble comienza o termina el recorrido. ¿Cómo se determina hacia dónde dirigirse? Hay
e tomar una decisión. Ahora el visitante tiene que empezar a reflexionar. Por decirlo de algún modo:
enta entender el edificio de manera sistemática. En este momento es donde surge la comprensión
l edificio. Exteriormente es sencillo e interiormente es complejo. Esta es la idea esencial del edificio.
casa formada por dos cubos que entran en contacto, con 24 ventanas idénticas, muy sencilla y com-
ensible. Después uno entra y se mueve en un mundo casi laberíntico. Una vez que el visitante haya
corrido el edificio y se encuentre de nuevo en el exterior, apenas se entenderán las interrelaciones
paciales. Y esto incluso habiendo intentado comprender…

El mismo ámbito espacial fotografiado dos veces desde las diagonales: una en sentido sur, la otra sentido norte.

mismo espacio captado desde posiciones opuestas.

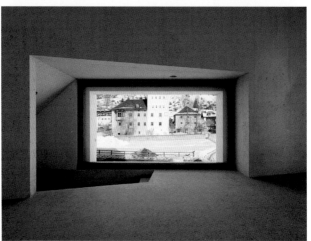

Vistas hacia el este desde diferentes espacios expositivos en la misma planta. En la foto superior se observa que la distancia al palacio es algo menor que desde la foto inferior.

Escalera con corredor contiguo.

Acceso al espacio expositivo a la derecha, al final de corredor.

escalera en hormigón fraguado in situ, pulido y abujardado.

El edificio en su ubicación del edificio en el pueblo.

...ta trasera con ascensor y escalera de emergencia. Este ascensor y esta escalera de emergencia no ...rtenecen al sistema propiamente dicho, ya que tales elementos no hubieran podido ocultarse en el ...erior. Por esta razón se situaron en el lado posterior. Mientras no se observe el edificio desde esta ...sición se desconoce que en el interior no existen desdoblamientos murales, muros huecos ni pavi-...ntos sobreelevados, es decir, que no se engaña sobre el interior. Este hecho es importante para la ...oresión de lo laberíntico; pues solamente el auténtico desconcierto es el que convence. Y para mí ...rsonalmente es importante que la auténtica idea permanezca pura, incluso en la mente.

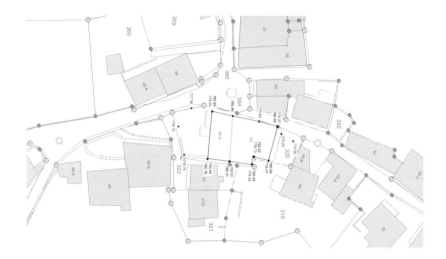

Pasamos ahora al siguiente proyecto. El cliente es un conocido músico suizo. Vive con su familia
Scharans, una pequeña población muy bonita. Hace unos cinco años compró aquí un establo, que de
derribarse y sustituirse por una construcción nueva. Pero nos encontramos en el núcleo del pue
donde en Suiza deben cumplirse numerosas normas de planificación; aquí en Scharans algunas inc
so de interés nacional. Durante tres años proyectamos diferentes ideas. El propietario vive a unos 50
de distancia con su familia, en una casa antigua. Sus deseos para el nuevo edificio fueron imprecis
durante mucho tiempo. Se planteaba un jardín, una vivienda, un taller con apartamento adjunto, etc.
paralelo con nuestro desarrollo del proyecto, el cliente estaba personalmente en contacto contínu
las instituciones públicas pertinentes; pero cuando presentamos el primer proyecto para consegui
licencia de obras, ésta nos fue denegada. Se adujo que el proyecto requería demasiadas excepcion
respecto a la normativa. En consecuencia nos reunimos con representantes de la comunidad. Es
estaban bastante más receptivos frente a nuestro proyecto de ejecución. A lo largo de algunas conv
saciones con el presidente, el abogado y el asesor inmobiliario de la comunidad se encontró una nue
solución. Esta preveía que quedaran garantizados los intereses de la comunidad en cuanto al espa
público. Esto significaba que debía reconstruirse al milímetro el volumen exacto del establo existen
De esta manera se podría conceder la licencia. El establo, que había sido construido por campesin
hacía mucho tiempo, debía ser la base de nuestro proyecto y todos los elementos contingentes ten
que ser reconstruidos. La línea amarilla muestra lo que podía demolerse y la roja lo que podía co
truirse de nuevo. Se observa cómo las líneas se superponen.

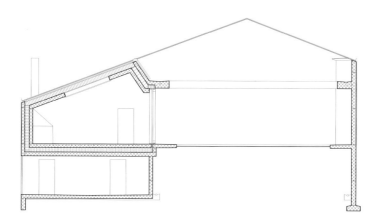

a sección del proyecto. El color amarillo muestra también aquí cómo se reconstruyó la antigua silueta
establo. Merece especial atención el hecho de que hubo que volver a colocar el hastial.

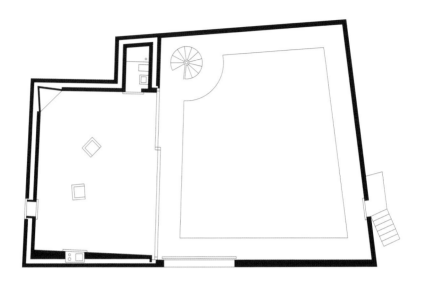

Ahora quiero explicarles a ustedes el principio de esta vivienda. El problema de todas estas disposici[o]-nes legales radicaba en que el promotor no podía permitirse económicamente un edificio con es[tas] dimensiones. El volumen a construir era, sencillamente, demasiado grande y, en consecuencia, m[ás] costoso. Al principio parecía no haber ninguna solución a la vista. Hasta que en algún momento se [me] ocurrió que el espacio exterior, un espacio no aislado ni calefactado, podía construirse de manera muc[ho] más económica que un espacio con calefacción. Acto seguido un colaborador mío calculó los espac[ios] conforme al presupuesto del cliente. El resultado fue que el muro divisorio entre el ámbito espacial [el] taller y el patio se situaba exactamente allí donde estuvo, donde está en la actualidad y donde lo po[de]-mos ver en el plano. Con el patio, relativamente grande, pudimos mantener el presupuesto. Si el p[ro]-motor hubiera tenido mayor capacidad financiera, el patio hubiera sido más pequeño. Al mismo tiem[po] quiso el azar que el patio, de unos 150 m², tuviera unas proporciones casi cuadradas. Se trata, en efe[cto] de una dimensión monumental en relación al pueblo inmediato, con sus calles y plazas públicas. E[sta] masa y esta forma han permitido que en una estructura que idearon los campesinos se sitúe ahora [un] espacio con una pretensión concreta. Tal fue pues el motivo real por el que este proyecto comenz[ó a] gustarme: de pronto a lo que había crecido por casualidad se le enfrentaba lo reflexionado.

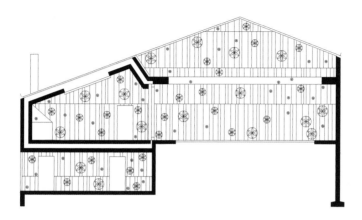

la sección reconocemos, a la izquierda, el único espacio con calefacción de la vivienda: el taller
una superficie de 65 m². Aquí escribe y compone el cliente. Un amigo mío, un joven abogado, tras
terarse de los costes me explicó que con sus circunstancias económicas posiblemente hubiera
erido el patio aún más grande, pero con un aseo con calefacción… Hemos construido en hormigón
sistema de doble cascarón, en el que, por así decirlo, el espacio interior flota en el aislamiento, y
do ello está rodeado de un muro. La casa se calienta exclusivamente con paneles solares y existe una
ntilación con recuperación de calor. La vivienda es autónoma energéticamente. En el techo se dispo-
n elementos acústicos para poder llevar a cabo grabaciones en el taller. A tal fin se sitúa un camión
n estudio de grabación delante del taller y se instala un cableado hacia el interior. Toda la casa es de
rmigón. Los elementos circulares que observan ustedes en el plano son rosetones, cientos de rose-
nes que se han grabado en los muros exteriores e interiores, así como en el techo. En casi todos mis
oyectos utilizo el hormigón. Este material me permite, por así decirlo, moldear en el propio lugar una
ea en piedra. El hecho de moldear una estructura confiere a mis edificios el carácter de un organismo,
decir, lo contrario a algo modular.

El material de encofrado es madera procedente del bosque que rodea el pueblo. Los abetos se talan a principios de año. A continuación un carpintero cortó esta madera en tablas de diferentes anchuras, las dejó secar y posteriormente las cepilló. Aquí ven ustedes el almacenaje de nuestras tablas.

esta imagen se observa cómo se graban los rosetones. Cuando se usa el hormigón vertido, a uno se
ofrece la posibilidad de reflexionar sobre las superficies. En este sentido nos atrajo fuertemente la
ea de "tatuar" una casa, por así decirlo. Los ornamentos son citas que conocemos de un mundo rural,
yo origen no está ni en la cultura intelectual ni en la cultura urbana. El símbolo es universal. Este
setón no lo he visto sólo en Europa, sino también en Asia y en América del Sur. La inocencia de este
amamento refleja la cultura rural del pueblo en el que nos encontramos. Sin embargo, rosetones de
e tipo no los encontramos en las fachadas de casas sino únicamente en muebles. Y ahora, al estar
ocados en la vivienda transforman el carácter de ésta. La casa parece un mueble. En total hay unos
0 rosetones en ella. Nuestro encofrado se utilizó de tres a cinco puestas. Se produjeron unos 150
etones. Dos ebanistas tallaron a mano en dos meses todos los rosetones. Incluso las formas circula-
se trazaron a mano alzada, sin plantilla. El hormigón fraguado in situ posee un carácter muy artesano
na ejecución de los rosetones mediante una fresadora automática no hubiera tenido ningún sentido.
eferimos utilizar el método artesano para que la esencia unitaria deseada de la impresión no presen-
a ninguna fractura.

Un detalle de la fachada de hormigón pigmentado en rojo, un marrón rojizo, parecido al rojo terracota. En la oscuridad el edificio parece marrón, con la claridad más bien rojo. El edificio oscila entre lo terrenal y lo artificial.

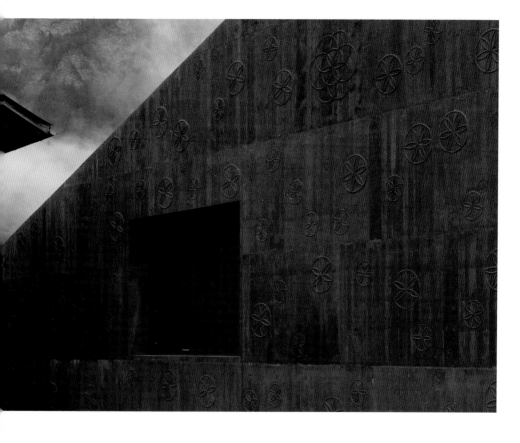

la fachada hay una gran abertura hacia el patio interior, aproximadamente de tres por tres metros.
e hueco puede cerrarse con un portón, y de esta manera surge un lugar de recogimiento con una
ca abertura hacia el cielo.

Ventana con el portón abierto.

...s ornamentos desaparecen parcialmente en el pavimento, ya que realmente comienzan desde los ...ientos. Estoy convencido de que un edificio se entiende tal y como se siente. La idea de que los ...amentos se encuentren sólo allí donde se ven me resulta insoportable e incomprensible.

Vista hacia el patio. En los cristales de la ventana corredera, a la izquierda, se reconoce el reflejo de
perforación circular del tejado.

ler y patio. La ventana corredera está abierta. Se acciona con un motor eléctrico, pues el peso, supera a dos toneladas y media, no permitiría su desplazamiento manual. El marco de la ventana es más ande que la abertura en el hormigón; el marco está oculto en el perfil del hormigón de tal manera e no es visible desde el interior. Esto provoca, por un lado, un fuerte sentimiento de sinceridad; por o, este montaje se deriva de la imposibilidad de unir una construcción de acero y hormigón. El horgón visto tiene un margen de error máximo de uno a dos centímetros, la construcción en acero, por contrario, de uno a dos milímetros. Resulta imposible ajustar con precisión estas dos técnicas. Norlmente en estas transiciones entre ambos materiales surgen juntas de silicona grandes y horribles. r esta razón nosotros separamos manifiestamente en nuestros edificios la construcción geométrica hormigón de la de otros componentes más exactos.

En el patio reconocen ustedes ahora una abertura aparentemente circular hacia arriba, pero en re
dad es elíptica. Este hecho no es apreciable. El patio, un cuadrilátero irregular en planta, se perc
como un cuadrado con una apertura circular hacia arriba. Este dato monumental permite que el es
cio adquiera el sentido de algo reflexionado.

chimenea abierta. Detrás de la puerta se oculta un pequeño aseo. Los marcos de las ventanas corre-
ras cerradas están también aquí ocultos por el borde de hormigón. En lo concerniente al vidrio, se
ta de un cristal blanco de producción especial que no tiene ningún matiz verdoso ni azulado. En el
ho se aprecian los paneles acústicos.

La chimenea abierta.

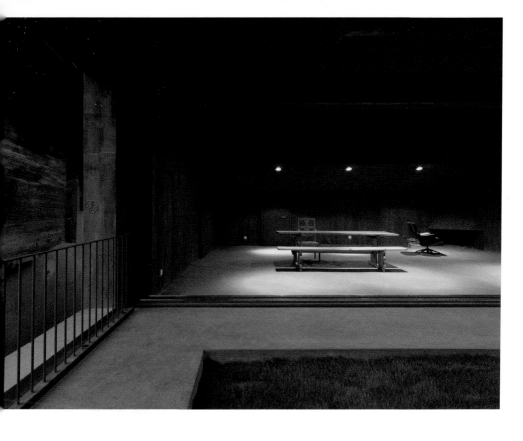

muro de cerramiento izquierdo tiene mayor espesor hacia el fondo para alojar una pequeña cocina trás de la puerta, a la izquierda.

Entrada al edificio.

esta imagen observan ustedes que el borde superior del muro que forma el patio tiene un remate de
bre. La vivienda incorpora de este modo un tejado y las paredes interiores del patio quedan en som-
a. Al mismo tiempo surge desde el interior del patio la impresión de que éste se encuentra rodeado
r frentes de fachadas, esto es, de casas.

El trabajo que les muestro ahora es un proyecto de concurso, que no ganamos. Pero el motivo por que se lo muestro es porque con él quiero explicarles algo importante: nuestra idea de cómo haríam una construcción en esqueleto. Desde hace unos años experimentamos con el esqueleto estructur pero no hemos llegado nunca a realizar uno. Por esta razón no puedo mostrarles ningún proyecto cor truido pertinente.

trata del nuevo edificio para el Learning Center del EPFL en Lausanne. Aquí se muestra la cota 0, nivel a ras de calle del campus, en el plano de ubicación. Dentro de la línea roja, ustedes pueden conocer el perímetro del concurso, la línea de color naranja describe el tráfico público y la azul el vado. Lo excepcional en esta universidad es que el tráfico se encuentra fundamentalmente al nivel l suelo y apenas hay peatones.

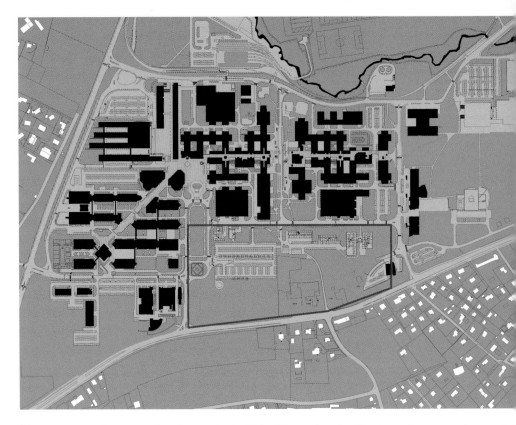

Ahora nos encontramos en la primera planta. El ámbito peatonal está coloreado en naranja y se desarrolla aquí a lo largo del eje que abarca las diferentes facultades. Desde un extremo al otro, el peatón tarda unos ocho minutos. El encargo consistía en planificar un edificio en la zona perimetral roja, donde se alojaran las dotaciones centrales para la totalidad del campus: biblioteca, mediateca, oficinas, auditorio, restaurante, café, librería, escuela de idiomas y otras. Un lugar en el que se encontraran e interrelacionaran personas de diferentes facultades. Pero la cuestión fundamental era cómo añadir, por un lado, un centro en una estructura lineal y, por otro, cómo se podrían conectar dos sistemas a niveles diferentes.

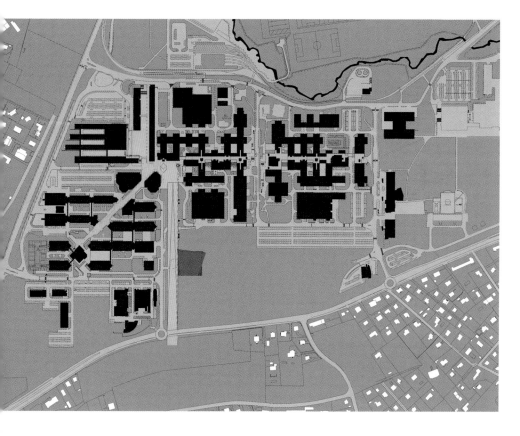

Como primera medida propusimos una ancha rampa de treinta metros, que debería unir el eje peatonal con la zona perimetral del concurso. En la prolongación de esta rampa, en el borde inferior de la imagen, hay un solar al otro lado de la calle, en el que la universidad tiene la intención de construir en el futuro residencias para estudiantes. Los peatones de esta zona estarían directamente conectados a través de la rampa con el eje central del campus. El propio edificio del Learning Center, en color rojo, lo hemos situado junto a esta rampa.

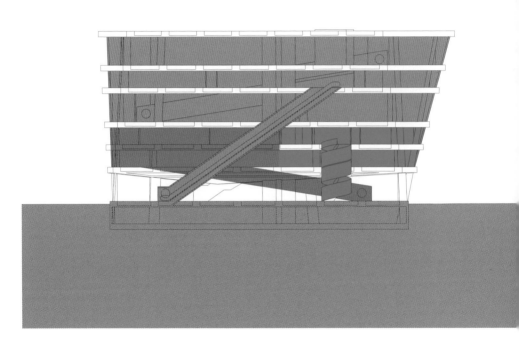

Vemos ahora seis plantas. Los diferentes colores designan las distintas funciones. En la planta baja se encuentra un vestíbulo completamente abierto, sin ningún tipo de muros divisorios. Desde aquí se accede a los pisos superiores. Cada función tiene su acceso propio al vestíbulo de la planta baja. A la biblioteca y a la mediateca se sube por medio de una escalera mecánica, al restaurante se llega a través de una escalera de caracol y al auditorio se accede por una rampa muy ancha.

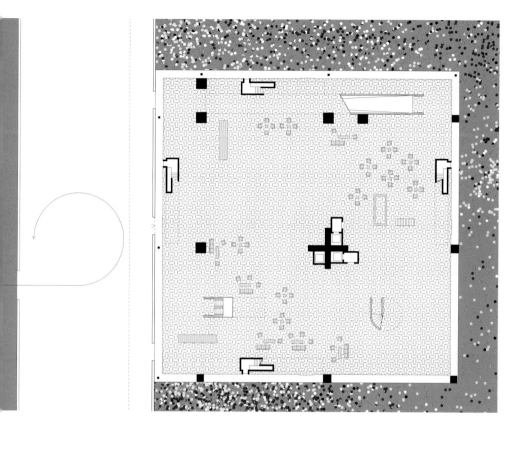

...no básico de la planta baja. Todo está acristalado. Se reconocen pocos elementos constructivos ...tructurales. El color negro define la estructura portante. La sección de los pilares es de 180 × 180 cm. ...serven en el anillo exterior pequeños postes con una sección de 25 × 25 cm. A primera vista la ...tructura completa parece descoordinada.

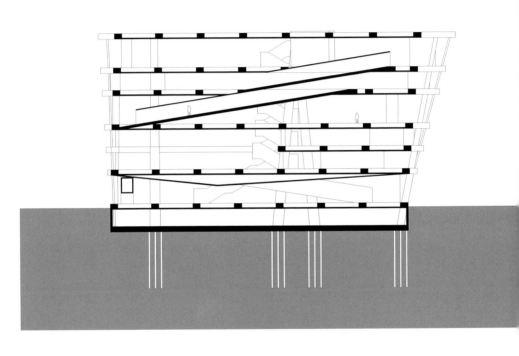

En esta sección se observan, en el ámbito de los suelos, las vigas de apoyo que conforman un suelo técnico flotante para la totalidad del cableado.

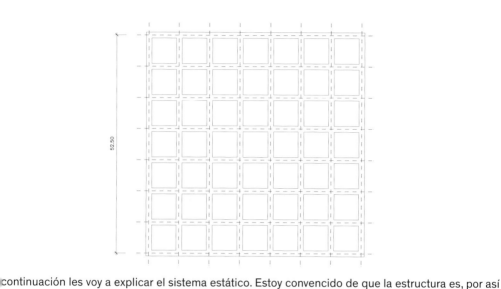

continuación les voy a explicar el sistema estático. Estoy convencido de que la estructura es, por así
cirlo, el germen de un posible pensamiento lógico para el arquitecto, siempre que esté interesado en
pensamiento lógico. Personalmente considero arbitrarios y no racionales todos los demás aspectos
 la arquitectura. Yo mismo me encuentro a menudo en situaciones en las que no puedo decidir.
esmembrar una arquitectura al nivel de la estructura, es decir, de la estática, significa también definir
terios para las soluciones. En la ciencia de la estática nos encontramos dentro de un dominio de lo
mprensible. Además estoy convencido de que la estructura portante es el verdadero germen de la
quitectura y que merece especialmente la pena reflexionar sobre ella. El trabajo con la superficie es
 duda también muy importante, de hecho la arquitectura se ha ocupado de esta cuestión en los
timos treinta años hasta el desfallecimiento. Seguir ocupándose de ella no va a revitalizar la arquitec-
a de nuevo. Aquí pueden ver el vestíbulo de 52 × 52 m en la planta baja. Las vigas son de 140 cm de
cho. Hay 49 campos con una medida axial de 750 cm. Esta distancia permite una armadura conven-
nal en el forjado de hormigón, lo cual significa que solo las vigas y sus respectivas jácenas y pilares
cesitan un armado especial. En azul pueden reconocer ustedes los ejes de las vigas.

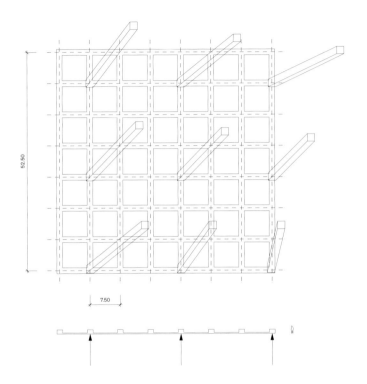

52.50

7.50

Nos hemos decidido a proyectar mediante nueve pilares. La distancia de pilar a pilar es de 22,50
Con estas distancias y las vigas de descarga necesarias, nos encontramos ante una estructura portic
da. El problema real de todo esqueleto portante no es tanto cómo se actúa con las fuerzas verticale
sino más bien cómo se desvían a los cimientos las fuerzas que actúan horizontalmente, provocad
tanto por el viento como por un posible terremoto.

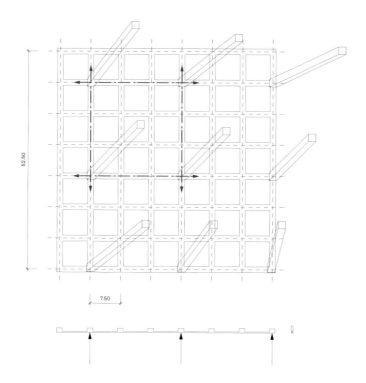

52.50

7.50

ra reforzar la totalidad de nuestra estructura bastaría con incorporar en la zona de los cuatro pilares estabilizador contra el efecto de fuerzas horizontales.

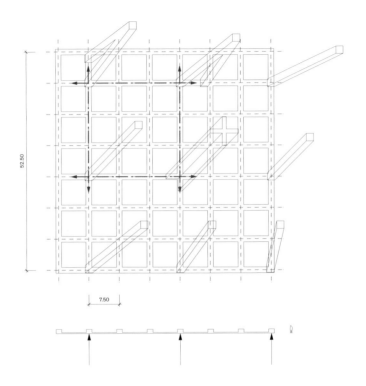

52.50

7.50

Los pilares cruciformes se tensan en dos direcciones y los dos pilares en forma de A estabilizan la estructura a lo largo de los otros dos ejes. Con ello la estructura está arriostrada en las cuatro direcciones y en consecuencia asegurada.

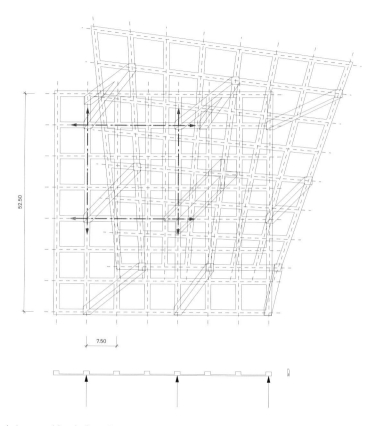

52.50

7.50

s puntos de intersección de los ejes se encuentran cada uno en el centro de un pilar. En el siguiente
so se decidió que la losa de cada planta debería ser en cuanto a su superficie exactamente del
smo tamaño. Esto significa que cada planta tiene el mismo número de metros cuadrados. Debido a
tos dos parámetros resulta que las losas se deforman cada vez más hacia arriba. Esto significa, a su
z, que allí donde se accede al edificio, es decir, allí donde se encuentra el punto central de la totali-
d del campus, el espacio se construye mediante un cuadrado. Esto supone que el espacio central
campus es cuadrangular. Y comenzando en este cuadrado, el edificio se deforma hacia arriba de
nera, por así decirlo, arbitraria.

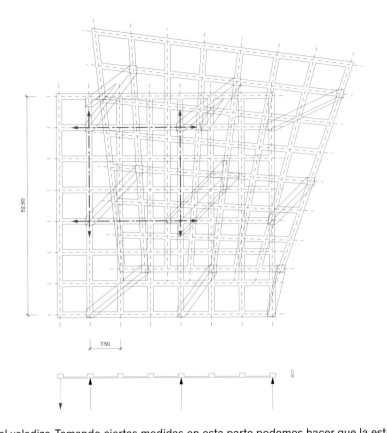

52,50

7.50

Ahora llego al voladizo. Tomando ciertas medidas en esta parte podemos hacer que la estructura to
sea más eficiente y más estilizada. Nos imaginamos una mesa sobre la que uno se sienta. En el cen
se curvaría y los extremos se elevarían. De la misma manera actúa nuestra estructura. Para que esto
suceda, tensamos la estructura de vigas en sus extremos hacia abajo mediante tirantes. Aquí se rep
senta con líneas rojas. El hormigón armado se compone, por una parte, de acero y por otra, de u
mezcla de grava y cemento. Esta última trabaja a compresión y la de acero a tracción. Para nues
estructura esto supone que hormigonamos nuestro tirante como un soporte con una sección
25 × 25 cm.

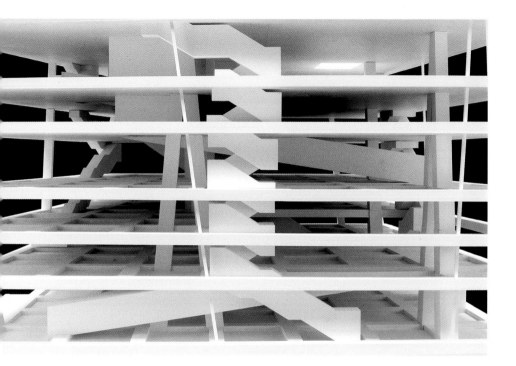

ora ven ustedes la maqueta de la estructura en bruto. Aunque todo obedece a una lógica, en un
mer momento parece que el conjunto sea caótico y emocional. En realidad una estructura incom-
ensible. Sin embargo, aquel que comprenda las formas lo interpretará todo como extremadamente
ico. Se trata aquí pues de un constructo fundamentado en principios absolutamente lógicos. Si
itaran una viga o un pilar todo el edificio se vendría abajo con el primer sismo, y no sólo parcial sino
almente. No se trata de un esqueleto estructural que funciona como un sistema de pilares y losas
nvencional, donde las partes se colocan unas junto a otras o se apilan unas sobre otras. No se trata
un sistema modular donde los elementos se juntan de forma repetida y se superponen. Esta estruc-
a es distinta, comparable a un vegetal, tiene carácter orgánico. Todo es interdependiente, cada parte
ce y se desarrolla hacia la siguiente. Todo ello solo es posible con hormigón. Ni con metal, ni con
dera, ni con ladrillo, sino sólo con hormigón puedo llevar a cabo estas interdependencias y cons-
ir, digámoslo así, un verdadero organismo.

La escalera de caracol por la que se accede al restaurante.

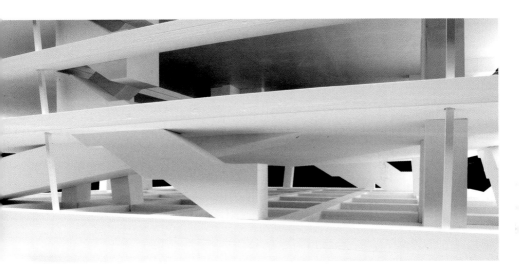

escalera de emergencia y detrás la rampa hacia el auditorio, empaquetada en un tubo cuadrado.

Aquí se pueden ver bien los pilares en A.

ora algunas infografías.

Aquí son apreciables las dimensiones. La persona explicita la relación de las alturas.

Entrada al edificio.

El vestíbulo de planta cuadrada. En el techo reconocemos una pirámide colocada en posición invertid
El punto más bajo, es decir, el propio vértice, se encuentra exactamente sobre el centro, donde se cr
zan las diagonales del forjado. Por lo tanto, el centro del espacio es más bajo y la altura se hace may
hacia las ventanas. De esta manera el espacio se abre hacia el exterior y al penetrar en él, gracias a l
diferentes alturas, se percibe como una masa en movimiento. Esta impresión hace que el vestíbulo, p
el contrario, se experimente como un lugar protegido.

exterior del edificio.

Les muestro aquí una foto de la exposición de mis trabajos en la ETH de Zúrich. Maquetas blancas escala 1:33, junto a planos y fotos de los proyectos expuestos. A continuación quiero hablarles de l ilustraciones situadas en las paneles casi a nivel del suelo. Se trata de diferentes imágenes que tienen nada que ver directamente con los proyectos expuestos.

ace algún tiempo empecé a intentar explicar mi arquitectura no a través de palabras sino de imágenes. on un total de 55 ilustraciones, trato de dar una explicación de manera asociativa. Estas imágenes uestran algo que me interesa profundamente, se trate de un motivo, de una composición o de un ontenido. Hubiera podido elegir miles de imágenes, pero en el momento de la reflexión la selección reducía cada vez más. Al final quedaron éstas, las cuales me han influido realmente y siempre me brevuelan cuando pienso en mi arquitectura. A esta colección personal la he llamado "Autobiografía onográfica".

A⁺ Cuvillier lith   Briquet & fils à Genève   Imp. Lemercier, Paris

Villa Tanci et Torno (Lac de Côme)

La primera imagen se trata de un pequeño grabado sobre plancha de cobre, del siglo XIX, que repre-senta el lago de Como. Aunque tengo que remontarme a un tiempo más lejano. Mi padre, que tambié-era arquitecto y me ha influido sobremanera, cuando nací colocó junto a mi cama infantil, a la altura d-la cabeza, este grabado enmarcado. Hay que hacerse a la idea de que esta imagen estuvo colgad-sobre mi cabeza durante toda mi niñez, a unos 40 cm de distancia. Crecí con este grabado; cada m-ñana al levantarme mi primera visión era esta imagen. En cierto modo mi padre me ha manipulad-programado con sus propias preferencias. Y por supuesto ahora siento como él cuando de cuestion-de gusto se trata. Siempre que tengo que tomar decisiones parto de una situación clásica similar a -del grabado. Lo que más me gustaría es construir edificios como el del cuadro. Me gusta mucho es-bellísimo barco que se desliza sobre la superficie del agua y es pilotado por un hombre solitario.

imagen muestra un ensamble japonés en madera. Por un lado, la forma surge de las consideraciones
bre el desarrollo principal de esfuerzos en una forma tridimensional y, por otro, de las reflexiones
erca del carácter específico de la naturaleza de la madera. El resultado muestra un trabajo artesanal
 gran precisión. Y trasladándonos a la arquitectura, quiero afirmar que un concepto preciso exige
a ejecución precisa. No creo, por ejemplo, que circunstancias financieras adversas expliquen o justi-
uen una ejecución miserable.

Aquí nos encontramos en Machu Picchu, Perú. El muro lateral de un templo inca. Las inmensas piedras de granito se han trabajado y ensamblado con una increíble precisión. No quiero interpretar solo la cuestión de la precisión inca como un asunto referido exclusivamente a la técnica. Más bien pienso que los incas intentaron dar algún tipo de forma a una construcción divina, algo que se contrapone a las concepciones y aspiraciones terrenales. Las piedras, por ejemplo, se trabajaron y ensamblaron durante más de noventa años, a lo largo de varias generaciones. La exactitud aquí es la expresión de una absoluta comprensión de uno mismo.

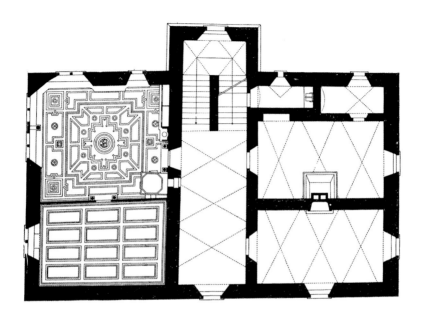

Observan ustedes ahora el plano de la planta de una casa patricia de 1650. Está ubicada en Graubünden, de donde procedo y donde vivo hoy día. La construcción de la casa es muy clara, a la derecha del
pasillo se ubican espacios en piedra y revoque, con techo abovedado, mientras que a la izquierda están
las habitaciones profusamente decoradas, revestidas con madera. Tal dualidad nos la encontramos,
como principio, en la arquitectura tradicional de Graubünden. No se trata aquí de un intento de matiza-
ción, de una coordinación armónica de dos aspectos diferentes, sino de una decisión más o menos
manifiesta de vivir a la vez en dos mundos básicamente diferentes. Este carácter responde exactamente
a nuestra cultura en Graubünden.

El Taj Mahal. Para mí fue una de las vivencias personales más destacadas, quizás la más importante, casi una revelación. Rodeado de edificios infinitamente bellos de piedra color tierra y marrón rojizo, Taj Mahal, íntegramente de mármol blanco brillante, es lo que uno podría definir como una aparición. Una idea pura.

quí vemos una miniatura indo-persa de mi propiedad. Es pequeña, quizás algo mayor que una postal. xactamente en el centro del jardín hay una casa a la que llevan cuatro caminos orientados según los uatro puntos cardinales. El jardín está rodeado por un muro y al final de un camino se encuentra la ntrada. Hay tres mujeres dentro de la casa, el centro del mundo. El muro es del color de la tierra y la asa es blanca. La casa representa el paraíso y el muro representa el mundo. Estoy convencido de que quí el color blanco representa la idea y el color marrón rojizo la realidad.

Monte Albán en México. Este recinto precolombino se encuentra en la cima de una montaña en el val
de Oaxaca. El valle tiene unos cincuenta kilómetros de ancho y de largo varias veces esta magnitu
Hace unos dos mil años, los zapotecas aplanaron la cima de la montaña y crearon una plataforma. L
montaña se yergue como una pirámide truncada. El pavimento de tierra de la plataforma estaba orig
nalmente revocado, liso como un espejo. Sobre él se erigían el templo y las pirámides. Hoy se desc
noce la función de cada uno de los edificios y no se sabe en base a qué supuestos se ordenaron sob
la plataforma. Lo que sí se sabe es que los zapotecas observaban el universo con gran precisión y qu
sieron reflejar aquí, en esta superficie, su interpretación del universo. Uno tiene que imaginarse aho
cómo se llegaba desde el fondo del valle de Oaxaca a esta montaña: había que subirla y despué
arriba, en la planicie absolutamente horizontal, sumergirse entre las pirámides. Uno se encuentra ent
el cielo y esta poderosa plataforma, rodeado de edificios que reflejan el universo. Por así decirlo, ur
empieza a sentirse sobre un artefacto colosal que cruza el universo. Una increíble sensación espaci
de dimensiones gigantescas.

emos ahora Fathepur Sikri en India, construido por Moghul Akbar en la segunda mitad del siglo XVI. odo, absolutamente todo lo que ven ustedes en esta imagen es de un solo material: piedra. De una iedra muy dura. El edificio resulta de la fusión en un material único de una divergencia dual: la cultura onoteísta del Islam y el Hinduismo politeísta. Una fusión de lo abstracto y lo figurativo. Fathepur Sikri s lo más hermoso que he visto nunca. Responde a todo aquello que yo definiría como bello y apasio- ante.

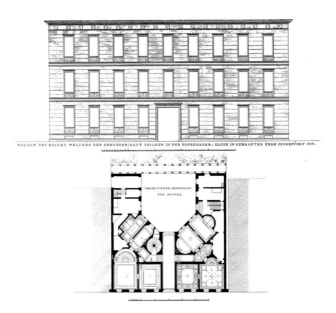

FAÇADE DES HAUSES WELCHES DER OFENFABRIKANT FEILNER IN DER HASENHEGER- GASSE IN GEBRANTER ERDE AUSGEFÜHRT HAT.

PROJECTIRTER GRUNDRISS DES HAUSES.

En este plano de planta y alzado vemos un edificio de Karl Friedrich Schinkel que desgraciadamente ya no existe. Observamos una fachada regular y simétrica. Nos transmite de inmediato que el edificio está construido de forma clara y lógica. Sin embargo, esta primera impresión nos confunde absolutamente sobre la extraordinaria complejidad de su construcción laberíntica. Se observa también la complicada anotación de su planteamiento: "Fachada de la casa que ha ejecutado con tierra cocida el fabricante de hornos en la Hasenhegergasse". ¡Una historia completa! Ahora vamos a entrar en esta sala, directamente a la derecha de la entrada. Se accede al inmueble a través de un pasillo, se tuerce a la izquierda, se sube por una escalera, se gira ligeramente hacia la derecha en un espacio con un ábside circular y una ventana hacia el patio. En este espacio giramos noventa grados y entramos a través de un paso a otro espacio, esta vez directamente desde el ábside. En este ámbito hay dos ventanas a la calle. Finalmente se accede por otra puerta al espacio de entrada ya mencionado, sobre el eje de simetría. Aquí se pierde la orientación, si esto no ha sucedido antes; en nuestro cerebro no hay ya puntos de referencia relativos a la composición, los que normalmente nos orientan en un sistema arquitectónico…

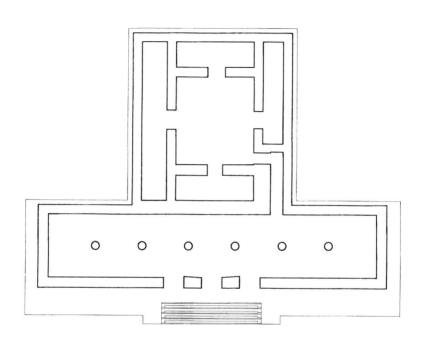

Tenemos aquí la planta de Mitla, es el plano de un templo precolombino de unos dos mil años de antigüedad. De especial interés resultan los dos ámbitos principales, el alargado inferior y el cuadrado de arriba. Aunque el alargado está dotado de columnas, el cuadrado es el más importante, ya que se trata del espacio central y se encuentra además hacia el interior del conjunto del templo. Este es el objetivo final y no un espacio de tránsito. El pasillo que une los dos ámbitos está desplazado del eje de la composición y dividido en dos tramos que se tocan pero que a su vez están separados. Se supedita a la totalidad del sistema. En esta arquitectura ni el símbolo ni el motivo son la causa del significado, sino la geometría y la disposición de los espacios.

Palazzo Dei Priori en Voterra. La cornisa, en la parte inferior del edificio, lo hace flotar ligeramente sobre el suelo. El edificio está colocado como un mueble dentro de la ciudad, se trata del objeto total. Bellísimo. La verdadera antítesis a esa idea contemporánea de una ciudad sin intención, una idea horrible, propia de arquitectos incapaces, que propugna una arquitectura sin autores.

anta Catalina en Perú. Un convento para mujeres en Arequipa. Esta ciudad fue fundada por españoles urante el siglo XVI en el desierto peruano. La totalidad del conjunto conventual hay que entenderla omo parte de la ciudad, unos cuantos cientos de metros a lo ancho y a lo largo. Las calles ortogonales oyectadas discurren por el convento como si se tratara de un barrio de la ciudad. Se entra al convento asi sin percibirlo, solo grandes portones que se cierran en la calle principal permiten reconocer el cceso. Son interesantes los colores utilizados: marrón rojizo y azul. El color teja representa los espa- os públicos de las calles y el azul los ámbitos privados de las monjas. Las celdas de las monjas están esmaterializadas y las calles en el exterior están adheridas a la tierra. Se trata de un poderoso con- aste que deriva de una reflexión estricta, es decir, una idea muy precisa con una intención esencial.

Esta es la mesa de comer en nuestra cocina de Flims. A mi mujer y a mí nos gusta la cocina italiana.
Mucho más que la francesa. Cuando ustedes comen comida italiana, el sabor es propio de algo singu-
lar; no como en el caso de la comida francesa en la que se perciben muchos sabores diversos, una
mezcla de numerosos ingredientes a veces combinados con acierto y otras veces no. Estoy también
convencido de que un arquitecto, representando a la arquitectura, tiene que saber, y debe lograrlo, qué
comida se adapta mejor a él.

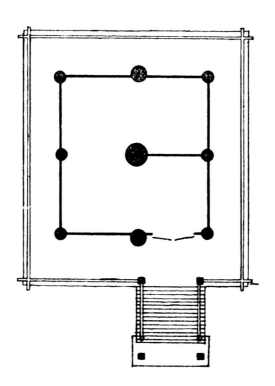

Plano de Izumo-Taisha, una construcción en Japón solamente de madera, a modo de cofre. Ustedes observan nueve columnas, todas son troncos pelados. En el centro del espacio interior se distingue la columna más gruesa, el tronco más grueso. Éste, por así decirlo, mantiene la estabilidad del edificio incluso cuando hay un fuerte viento lateral. Como el tronco de un árbol, que a la vez que sostiene su copa preserva al árbol de su caída. Se accede al espacio de manera asimétrica y se percibe un muro que toca la columna central y de tal manera sustrae el centro al espacio interior. Sin este muro el espacio estaría dominado por una columna, la cual, incomprensiblemente, sería celebrada de manera enfática. Esta sencilla división impide una falsa lectura del espacio.

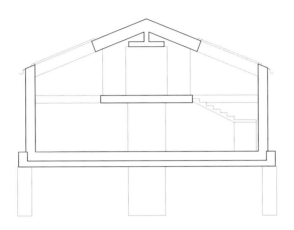

Ahora paso a describir el último proyecto, nuestro estudio, que hemos construido hace dos años e Flims. Como en el caso de la vivienda de Scharans, aquí también había un establo que tenía que s derribado y cuya forma exterior había que reproducir con cierta exactitud. Esto conllevó que la figur la subdivisión y el volumen dependieran de los acontecimientos externos. Ustedes reconocen en es sección el edificio sobre pilares, con dos plantas en las que se encuentra la oficina propiamente dich La dimensión de una planta suma unos 110 m². Esto significa que tenemos que limitarnos a un núme determinado de colaboradores y que no deseamos tener un estudio grande. Esta es una decisió consciente. Por lo demás, se advierten grandes ventanas en la cubierta que iluminan el interior d espacio. La parte inferior, la mesa con patas, por así decirlo, es de hormigón, mientras que la par superior calefactada es de madera. La normativa de la comunidad de Flims establece que debe con truirse bien en madera o bien con revoque. Nosotros nos hemos decidido por la madera.

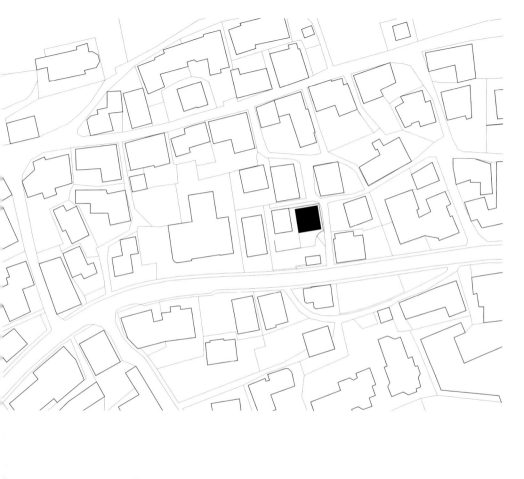

A la izquierda del nuevo edificio-estudio coloreado de negro se encuentra nuestra vivienda familiar. Ésta tiene más o menos 250 años y mi padre, también arquitecto como ya he mencionado, la transformó constantemente durante su vida. Desde la muerte de mi padre la habitamos nosotros. Durante muchos años como vivienda secundaria, ahora ya de forma permanente.

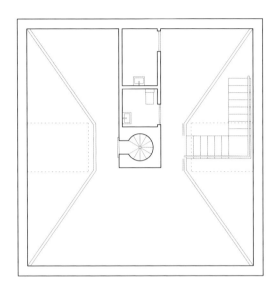

Paso a describirles el esquema básico del nuevo edificio y comienzo por lo más alto, la planta bajo cubierta. Aquí se encuentra la sala de reuniones, una pequeña cocina para el té y un aseo. A la izquierda y a la derecha del núcleo se disponen grandes huecos que, por motivos acústicos, están acristalados verticalmente y a través de los cuales se puede ver el piso inferior. De esta manera también la luz del día llega desde las grandes ventanas de la cubierta hasta abajo.

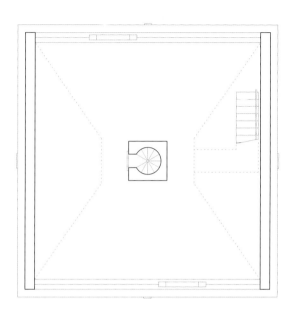

a planta principal donde se trabaja. De acuerdo con la ordenación de las mesas trabajan aquí de 12 a
5 personas. La entrada principal al edificio se encuentra en la parte de arriba del plano. A la derecha
e observa una escalera que conduce a la sala de reuniones, en la planta bajo cubierta. Con ello todos
s ámbitos de nuestra oficina son libremente accesibles. En el centro se percibe una estrecha escalera
e caracol que utilizamos solamente mi mujer y yo. Aquí comienza, por así decirlo, nuestro ámbito pri-
ado. Esta escalera comunica, por tanto, los espacios de trabajo con el porche ajardinado o con los
parcamientos privados. Y desde aquí de nuevo llegamos a través del jardín a nuestra casa particular.
odemos, en consecuencia, acceder a todas las plantas o retirarnos siempre que lo deseemos. El
úcleo de la escalera es de hormigón y, junto con la escalera exenta, es la única pieza del edificio con
ste material en todo el conjunto de madera.

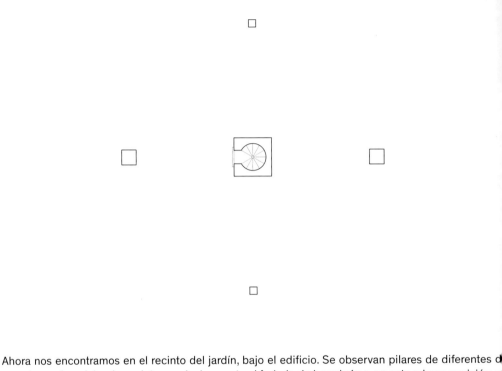

Ahora nos encontramos en el recinto del jardín, bajo el edificio. Se observan pilares de diferentes dimensiones. Los delgados sujetan exclusivamente el forjado de hormigón y, en esta misma posición, en la planta superior se encuentra el acristalamiento. En esta posición no se añaden más sobrecargas los pilares. A la izquierda y a la derecha, sobre los pilares gruesos se encuentran, además del forjado de hormigón, los muros laterales y la estructura de madera. Sobre estos pilares descansa la parte principal de la carga de la obra en madera y el peso de la nieve se deriva desde el tejado hacia los cimientos. Y ahora ustedes distinguen, en el centro, el núcleo continuo de hormigón que, por un lado, asume las cargas verticales del edificio al completo y, por otro, contrarresta los esfuerzos horizontales, como los de viento o sismo. Este núcleo es, por así decirlo, el tronco que salvaguarda al árbol de su caída.

Vista hacia arriba desde la calle principal. La construcción de madera es de pino vulgar, que hemos teñido de negro. A la izquierda queda nuestra vivienda de color blanco, algo oculta.

No existe ningún soporte de esquina como lo conocemos habitualmente. El porche-jardín es un verdadero espacio exterior sin la acentuación habitual de las esquinas de un espacio. Al fondo se aprecia nuestra casa. Está situada en la superficie de césped y es de color blanco. Mi padre construyó, durante toda su vida, exclusivamente casas de color blanco. La oficina de color negro se ubica sobre el asfalto. En la casa blanca vivimos y en la negra trabajamos. Estoy convencido de que los espacios blancos tienen carácter introvertido y los negros extrovertido. La línea entre el asfalto y el césped se sitúa exactamente en el eje central de la parcela. Aquí chocan las dos "alfombras" sobre las que se colocan nuestras dos casas.

En el fondo, el muro de hormigón aguanta el talud circundante. El edificio y el muro no se tocan, existe una fuga abierta de unos treinta centímetros de ancho. El asfalto es el material de la calle, del espacio público. Tan pronto como el portón del garaje está abierto, el porche-jardín se convierte en parte de la calle o, lo que es más importante, la calle en una parte de mi jardín. El hecho de abrir o cerrar el portón transforma de manera acusada el carácter del jardín.

Vista hacia el muro lateral del lado de la montaña. La superficie del hormigón es muy corriente y con el tiempo adquirirá su pátina.

Aquí ustedes reconocen la dimensión de los voladizos, que se consiguió con hormigón pretensado.

Vista posterior. El edificio parece situarse sobre un sólido zócalo. En la zona derecha del acristalamiento se encuentra la entrada principal a la oficina.

Como ya he mencionado anteriormente, el motivo para aplicar una coloración absoluta en negro es que un espacio oscuro lo considero extrovertido y con ello público; en total oposición a un espacio luminoso. En el pasado viajamos con intensidad por toda América y visitamos más de 50 viviendas de Frank Lloyd Wright. Sobre todo en las casas más antiguas, las ventanas eran muy pequeñas en proporción a la superficie de la fachada y los materiales del interior muy oscuros. A pesar de ello, en todos esos ámbitos se sentía de manera acusada una intensa interrelación con el exterior. El paisaje circundante brilla de modo peculiar, la presencia del exterior es extraordinariamente intensa y los oscuros muros interiores no se reflejan en las ventanas en la contemplación del exterior. El entorno domina sobre los espacios oscuros que se sitúan al fondo. En contraposición a todo esto, por ejemplo, las estructuras espaciales abiertas y blancas como la nieve de Richard Meier provocan un efecto poderosamente cerrado: los ámbitos interiores están iluminados y referidos a sí mismos, los muros blancos se reflejan en el acristalamiento en la visión hacia el exterior. Las paredes de vidrio se convierten en membranas aislantes. Por esta razón nos decidimos por una casa en negro. El espacio en nuestro edificio es bajo y junto al formato horizontal de las ventanas se convierte en un verdadero lugar de observación en correspondencia con nuestra manera de ver y observar, algo que en el ser humano viene determinado por ambos ojos situados horizontalmente. Por oposición al color negro, que se sitúa absolutamente en el plano posterior, las mesas de trabajo son islas de color blanco en material sintético.

Aquí observamos cómo la luz incide, a través de las grandes ventanas de la cubierta, en el interior del espacio.

e nuevo otra situación entre el interior y el exterior. A la derecha la escalera hacia la planta bajo cubierta.

La sala de reuniones en la planta bajo cubierta. Aquí nos sentamos y proyectamos nuestras obras.

Con un técnico en materiales hemos desarrollado el teñido de la madera. Este teñido incorpora tres capas en total. Agua, alcohol etílico y aceite de linaza, todas enriquecidas con pigmentos negros. El aceite de linaza se aplica en la última capa para que surja un cierto brillo.

la planta principal. A la derecha, en la parte superior, se observa el reflejo sobre el acristalamiento de la planta bajo cubierta.

La última imagen. En esta mesa se sienta el director responsable de los proyectos, quien ha construido nuestra oficina, iluminado desde arriba, por decirlo de algún modo.

Documentación fotográfica: 1 Exposición fotográfica ETH, Zúrich © Walter Mair; Zúrich 2 Foto del Centro del Parque Nacional, Zernez © Miguel Verme; Chur 3–4 / 6–9 Planos del Centro Parque Nacional, Zernez © archivo Olgiati; Flims 5 Diagrama de hormigón aligerado blanco © archivo Olgiati; Flims 10–25 Fotos Centro Parque Nacional, Zernez © Miguel Verme; Chur 26–29 Planos de la vivienda-taller Bardill, Scharans © archivo Olgiati; Flims 30–31 Fotos del encofrado en la vivienda-taller Bardill, Scharans © archivo Olgiati; Flims 32–45 Fotos de la vivienda-taller Bardill, Scharans © archivo Olgiati; Flims 46 Foto exposición ETH, Zúrich © archivo Olgiati; Flims 47–52 Planos del Learningcenter EPFL, Lausanne © archivo Olgiati; Flims 53–58 Diagrama Learningcenter EPFL, Lausanne © archivo Olgiati; Flims 59–62 Fotos maqueta del Learningcenter EPFL, Lausanne © archivo Olgiati; Flims 63–65 / 67 Infografías Learningcenter EPFL, Lausanne © total real; Zúrich 66 Infografía Learningcenter EPFL, Lausanne © Meyer Dudesek; Zúrich 68 Foto exposición; Flims 69 Autobiografía Iconográfica © Archive Olgiati, Flims 70 Jean Dubois, Villa Canzi et Torno (Lac de Côme), aprox. 1840 © archivo Olgiati; Flims 71 Koshikake-ari-tsugi, ensamblaje japonés en madera, fuente fotográfica: Kiyosi Seike, *The Art of Japanese joinery* Nueva York / Tokio, 1977; 72 Muro Inca del Machu Picchu / PE, aprox. 1440 © archivo Olgiati; Flims 73 Planta de casa patricia (Schlössli Parpan, aprox. 1550), fuente del plano: Poechel Erwin, *La casa burguesa en el cantón Graubünden* (La casa burguesa en Suiza, tomos XII, XIV, XVI) editado por la Asociación suiza de ingenieros y arquitectos, 3 tomos, Zúrich 1923–1925. (1.ª parte: Südliche Talschaften / 2.ª parte: Nördliche Talschaften A / 3.ª parte Nördliche Talschaften B); 74 Taj Mahal, Agra / IN, 1631–1653 © Archivo Olgiati; Flims 75 Miniatura indo-persa, aprox. 1880 © archivo Olgiati; Flims 76 Monte Albán / México 200–900 © archivo Olgiati; Flims 77 Diwan-i-Khas, Fatehpur Sikri / IN, 1569–1574 © archivo Olgiati; Flims 78 Karl Friedrich Schinkel: "Fachada de la casa ejecutada en tierra cocida por el fabricante de hornos Feilner" y "plano de la casa", fuente de los planos: K. F. Schinkel, *Collected Architectural Designs,* Academy Editions London, 1982; 79 Plano del palacio de columnas, Mitla / México, aprox. 1200, fuente del plano: Jean Duret de Henri Stierlin, *Das Alte Mexiko,* Berlín, 1990; 80 Maestro Riccardo, Palazzo dei Priori, Volterra / I, 1208–1254, © archivo Alinari, Florencia, fuente de la foto: Giuseppe Delogu, *Italienische Baukunst: eine Anthologie vom 11 bis 19 Jahrhundert,* Zúrich, 1946; 81 Convento de Santa Catalina, Arequipa / PE, 1580 © archivo Olgiati; Flims 82 Mesa de cocina en la vivienda de Valerio Olgiati, Flims / CH © archivo Olgiati; 83 Honden, Izumo no Oyashiro, Izumo / J. 1774; 84–88 Planos de la oficina de Valerio Olgiati © archivo Olgiati; Flims 89–102 Fotos oficina Valerio Olgiati © archivo Olgiati, Flims. A pesar de los intensos esfuerzos realizados, no han podido ser establecidos algunos de los autores de las ilustraciones. Los derechos de autor quedan sin embargo reservados. Solicitamos la correspondiente notificación.

Créditos   Oligati   Una Conferencia de Valerio Olgiati   La conferencia se realizó en lengua alemana
y fue traducida a diferentes idiomas.   Concepto: Valerio Olgiati; diseño gráfico: Dino Simonett
y Bruno Margreth; coordinación del proyecto: Andrea Wiegelmann; traducciones: Muriel de Gracia de
Wittenberg; lectorado: Miguel Verme, Katja Naumann;   información bibliográfica de la Biblioteca
Nacional alemana; la Biblioteca Nacional alemana hace constar esta publicación en la bibliografía
nacional alemana; datos más detallados bibliográficos pueden encontrarse en Internet bajo la
siguiente dirección: dnb.d-nb.de.   © 2011 Birkhäuser GmbH, Basilea;apartado de correos, 4002
Basilea, Suiza; una empresa de ActarBirkhäuser;   Printed in Germany   ISBN 978-3-0346-0787-2
Este título también aparece en alemana ISBN 978-3-0346-0782-7, en inglés ISBN 978-3-0346-
0783-4, en francés ISBN 978-3-0346-0784-1, en italiano ISBN 978-3-0346-0785-8, y en japonés
ISBN 978-3-0346-0786-5.   9 8 7 6 5 4 3 2 1   www.birkhauser.com.